LA
POLOGNE EN 1864

DÉDIÉ

A LA DÉMOCRATIE FRANÇAISE

EN RÉPONSE AU DISCOURS DE M. LÉON PLÉE

PAR

LADISLAS OLSZEWSKI.

—∘∘≫✣≪∘∘—

PARIS,

IMPRIMERIE DE AD. LAINÉ ET J. HAVARD,
RUE DES SAINTS-PÈRES, 19.
1864

LA
POLOGNE EN 1864.

LA

POLOGNE EN 1864

DÉDIÉ

A LA DÉMOCRATIE FRANÇAISE

EN RÉPONSE AU DISCOURS DE M. LÉON PLÉE

PAR

LADISLAS OLSZEWSKI.

————◦◦◦◦————

PARIS,

IMPRIMERIE DE AD. LAINÉ ET J. HAVARD,

RUE DES SAINTS-PÈRES, 19.

1864

A Messieurs les Rédacteurs du Siècle.

Messieurs,

Rome devenant la capitale du monde, tous les peuples venaient plaider leurs causes devant son sénat, en sa langue qui était alors la langue de l'univers, et aucun des sénateurs ne fut choqué de l'accent du Gaulois, de l'Espagnol ou du Numide. Fiers de leur prestige, ils pardonnaient avec une bienveillante indulgence la forme des discours étrangers, prêtant toute leur attention aux idées seulement. Telle

1.

fut Rome lorsqu'elle était juste. Avilie elle-même par le mépris de ses libertés et par l'amour des jouissances, les peuples s'en éloignèrent d'abord ; ils la détruisirent ensuite.

La France, cette directe héritière des traditions romaines, voit aussi les nations plaider leurs causes en sa langue et devant ses citoyens, pour demander justice et protection contre les oppresseurs des faibles et des malheureux. Ainsi, Messieurs, j'espère qu'à l'instar de l'antique Rome, vous attacherez votre attention aux idées seulement du discours, de celui qui vous porte les vœux sincères de toute une nation reconnaissante de vos sympathies pour nous, de vos paroles chaleureuses qui retentissent depuis tant d'années dans tous les cœurs nobles et portés vers tout ce qui est grand, vers tout ce qui demande des sacrifices, vers tout ce qui sanctifie enfin les nations et les met au faîte de l'humanité. Unis dans nos idées depuis si longtemps, nous les professons avec la même persévérance, avec le même courage, et avec la même foi en l'avenir, — nous, en combattant pour leur triomphe contre les Moscovites; vous, en les enseignant aux peuples.

Toutes les croyances sont ébranlées, tout le monde se courbe devant le veau d'or, les idées et les principes sont devenus un objet de haine pour ceux qui ne veulent que jouir de leur vie matérielle et égoïste. Cependant le sang des martyrs et la parole ont déjà sauvé une fois le monde. Nous croyons fermement que par les mêmes moyens il sera sauvé encore une autre fois.

Courage donc, solidarité et foi ! Que ces sentiments nous accompagnent toujours, et pourvu que le prix du sucre n'ait d'influence chez vous sur les destins de l'humanité, le jour n'est pas si loin , où l'humanité va triompher de l'indépendance d'une nation si dévouée à ses grands intérêts.

LADISLAS OLSZEWSKI.

Paris, le 20 février 1864.

LA

POLOGNE EN 1864.

I.

La Pologne a fini d'exister, disaient nos ennemis. Elle fut partagée et annexée à ces trois puissances dont l'existence est l'atteinte la plus offensante à la morale la plus vulgaire, car le vol et le viol réussis ont été érigés en dogme régnant sur des millions de sujets moscovites, autrichiens et prussiens; oui, annexée ainsi à ces États lorsqu'elle se levait les armes à la main, alors, disaient-ils, ce n'est pas pour reconquérir son indépendance nationale à jamais disparue, mais par l'esprit d'anarchie et par amour de troubles armés.

Les apologistes de vol armé sont allés plus loin, ils voulaient aider aux Russes de nous absorber en oubliant le mot profond de Jean-Jacques Rousseau : « Ils ont avalé la Pologne, mais ils ne la digéreront pas. » Ils se souvenaient, les ingénus, que la Syrie, la Babylonie, la Ninive, ont existé et qu'elles ne sont plus ; pourquoi donc la Pologne s'obstine-t-elle à exister ?

Absorbateurs de roubles, ils croyaient, les naïfs, que les nations se laissent si facilement absorber que l'argent donné par le czar si magnanime, et ils ne comprenaient même pas comment une nation pouvait lui résister, lui à qui ils ne résisteraient même pas de confier le sort de leurs filles.

Pour dessiller les yeux à ces messieurs, nous leurs dirons que la Pologne n'a jamais été soumise aux trois copartageants; que, rayée de la carte du monde, elle lutte sans trêve depuis les confédérés de Bar, de Kosciusko, de Dombrowski jusqu'à nous; que désarmée, terrassée et gisante dans la poussière, elle conspirait, se recueillait et étudiait les causes de ses défaites, pour se relever de nouveau avec plus d'expérience, avec plus de passion, combattre contre l'ennemi qui ne régnait pas chez nous, mais qui y campait tout simplement, et chaque génération, arrivant à sa vingtième année, prenait la coupe amère de nos souffrances, la tendait aux générations à venir et allait s'immoler non pas pour vaincre, mais pour laisser à l'avenir l'héritage de l'amour traditionnel de la patrie, de la haine et de la vengeance des ennemis.

Les mères empoisonnaient le cœur de leurs enfants avec les récits de nos gloires et de nos misères, et leur versaient de la tristesse dans le cœur pour que la joie leur fût inconnue, pour qu'elle ne leur fît pas oublier, pour un seul instant, les tombeaux de leurs pères, leurs malheurs, leurs persécutions !

Les poëtes sonnaient le tocsin lugubre de la révolte, du mépris de la vie, des plaisirs qu'elle offre, des voluptés qu'elle renferme ; ils amenaient, ces nouveaux Amilcars, leurs concitoyens vers les autels de la patrie, pour leur faire jurer haine et vengeance contre les Moscovites.

Les nobles attiraient vers eux le bas peuple, les prêtres les soutenaient en inspirant l'amour du sacrifice pour sauver la patrie, non pas pour les contemporains, mais pour l'avenir, dût-il venir dans cent ans ! Et la terre polonaise, arrosée du sang de ses enfants, blanchie de leurs ossements, criait du fond de ses tombeaux, des ruines de ses châteaux démantelés : Haine et mort tant que je ne serai pas libre !

Voilà telle qu'elle fut et telle qu'elle est encore la Pologne ; elle lutte depuis un siècle, elle luttera plus longtemps encore s'il le faut, et il ne lui manquera pas de défenseurs, car aussitôt qu'un étranger se fixe à son sol la loi fatale des souvenirs de cette terre héroïque les force à devenir Polonais.

Qu'ils nous absorbent donc, messieurs les amis de nos ennemis !

II.

Après avoir perdu leur indépendance, pourquoi mettent-ils tant d'acharnement, disent encore nos ennemis, à se battre pour la reconquérir ?

Nous n'avons pas perdu notre indépendance, mais on nous l'a arrachée de force.

Jetons ici un coup d'œil rapide sur notre passé historique.

Tandis que vous vous adonniez aux arts, aux belles-lettres et aux belles manières, nous autres condamnés par notre position géographique nous étions forcés de combattre d'un côté les hordes envahissantes des Mongols, des Turcs et des Moscovites, et de l'autre, à repousser cette engeance germanique si rapace et si cupide des terres étrangères. Et pourtant, malgré ces guerres incessantes, nous n'étions pas en arrière de l'Occident. Nous avions eu la liberté presque inconnue alors dans le reste du monde. Notre noblesse, et elle fut nombreuse et toujours croissante, car nos diètes donnaient des lettres patentes à des villages entiers qui prenaient part à la guerre, avait le droit d'élection de roi et d'anoblissement de toute une nation, c'est-à-dire de la faire démocratique, non pas qu'elle eût besoin de descendre au niveau du peuple, mais en l'élevant à sa hauteur. Notre bourgeoisie se gouvernait par la loi de Magdebourg, qui lui assurait toutes les libertés possibles ; la tolérance fut absolue pour tous les cultes, c'est pourquoi nous avons encore maintenant tant de protestants, de juifs, etc. Nos universités brillaient déjà à la fin du quatorzième siècle, et elles nous donnaient des hommes tels que Vitellius, Copernic, le cardinal Tromba qui, près d'être élu pape, abdiqua cette grandeur en disant que, lui devenant pontife, Cracovie deviendrait Rome ; Hozius, Sarbievski, couronné pour ses hymnes au Vatican ; Zamoyski, qui, avant d'être le beau-frère de Balory et grand connétable du royaume, fut recteur de l'université de Pavie.

Mais pourquoi invoquer ces grands noms, quand leur patrie, dépouillée de toutes ses grandeurs, n'a d'autres droits que celui de mourir en prononçant leurs faits glorieux?

Du reste, à quoi bon parler de temps anciens? « Les morts vont vite, » dit la ballade allemande, même les plus glorieux; mais les traces de leur passage nous restent; leurs demeures, palais et églises, quoiqu'en ruines, quoique leurs statues, leurs bas-reliefs soient brisés partout, ils parlent encore à notre âme, frappent nos yeux, et remplissent nos cœurs d'indicibles sentiments d'orgueil et de regrets. Allez à Cracovie; mais pourquoi y aller? C'est un cimetière! Allez plutôt à Vienne, Berlin, Pétersbourg, Moscou et Stockholm, et vous y verrez que nos pères aimaient aussi à protéger les arts, et n'étaient pas étrangers aux mouvements de la Renaissance. — Sigis-

mond le Vieux, en épousant Bona Sforcia,
a ouvert la Pologne aux artistes, et si l'Occident est fier de ses écrivains de la même
époque, nous en avons aussi de non moins
grands tant en politique qu'en histoire, tant
en mathématiques qu'en poésie, qu'en juris-
prudence, etc. — Il suffit de dire qu'Érasme
de Rotterdam correspondait avec Cracovie,
que votre Ronsard aurait trouvé un ami en
Kochanowski, que Torquato Tasse, de sa vie
encore, a trouvé son traducteur chez nous,
que Rabelais aurait même trouvé son pareil
en notre Rey.

Quant à l'élégance de nos mœurs, les Valois l'ont connue, et Marguerite de Navarre
s'étonna elle-même en entendant l'ambassa-
deur Laski causer avec elle en toutes les langues alors parlées en Europe. Et c'était au moment où les Moscovites payaient le tribut aux
khans des Tartares, où la Prusse était vassale
de la république polonaise, où Maximilien,
l'empereur d'Allemagne, faisait la guerre pour
devenir notre roi.

2.

Malgré donc des guerres incessantes, notre civilisation était brillante, et si le déclin est venu après de longues années de grandeurs, ce n'est pas à cause des fautes ou des crimes des hommes que nous sommes tombés, mais à cause du temps qui use même les meilleures institutions, les meilleures lois. Il est des moments de crises dans l'histoire où les nations sont forcées de se refaire, de changer de gouvernement et de loi. L'Occident a commencé ses transformations pénibles dès le seizième siècle; les deux siècles suivants furent la pierre de touche de la force et de la vitalité de toutes les nations. Pour tous les États, ces temps étaient les temps de grandes souffrances, de grands travaux, et c'est seulement les princes de Prusse et de Moscovie, qui, tout en dehors de tous les mouvements de toutes ces transformations morales qui s'opéraient alors dans toute l'Europe, profitèrent des circonstances au détriment des autres.

Le dix-huitième siècle nous a trouvés en

transformation complète. Nous avons commencé de mettre en pratique les idées nouvelles, de remplacer l'élection des rois par la dynastie, d'abolir le *liberum veto*, d'élever graduellement le peuple à la jouissance de droits politiques et sociaux, d'affermir le pouvoir en détruisant les factions des grands. Voilà quels étaient nos travaux d'alors.

Pour faire valoir ces réformes, pour les faire adopter à la nation, il y avait des difficultés, car les anciens préjugés, les institutions séculaires, bonnes dans leurs principes, mais faussées et ébréchées déjà par un long usage, faisaient opposition aux idées nouvelles et aux hommes qui s'efforçaient à les faire triompher. De là le malaise, l'inquiétude et les déchirements qui s'emparèrent de notre pays, et dont profitèrent nos ennemis en nous envahissant.

Nous n'avons donc pas perdu notre indépendance, mais on nous l'a arrachée traîtreusement au moment de notre grand travail national. On nous redoutait pour notre civilisation et notre parenté avec la France, et on nous a partagés, mais non pas soumis.

Et vous voulez, Messieurs nos adversaires, que nous puissions oublier notre existence millénaire, et nous résigner à être absorbés par vous?

III.

Pour nous discréditer et affaiblir aux yeux
de l'Europe, tous les moyens étaient bons pour
nos ennemis.

Ils s'efforçaient toujours, avec toute la mau-
vaise foi, de nous représenter non pas comme
nation en guerre sans cesse contre eux, mais
comme des sujets rebelles contre les pouvoirs
légitimes, comme des révolutionnaires travail-
lant à la ruine de l'ordre social. Ainsi ils par-
laient de nous lorsqu'ils avaient à faire avec
les gouvernements et les corps qui sont
de leur nature conservateurs. S'agissait-il
d'être en rapport avec la démocratie, alors
autre jeu, nous n'étions pour eux que des
aristocrates, des champions d'ultramonta-

nisme, quoi ! des fanatiques effrénés qui faisaient honte au dix-neuvième siècle. Tombait-on dans les hypothèses que nous pourrions exister un jour comme nation, dans les limites seulement que nous a assignées le Congrès de Vienne, alors les larmes de nos ennemis ne tarissaient plus, ils pleuraient, les sensibles philanthropes, sur notre sort, et disaient que nous nous détruirions nous-mêmes, telle est notre passion de troubles armés et d'anarchie.

Quoique l'on ne réponde à de pareilles objections qu'à coups de baïonnette, comme nous le faisons maintenant, et que tout le monde connaît aujourd'hui toute leur valeur. disons cependant quelques mots là-dessus pour tâcher d'éclairer ces obstinés ignorants, qui s'efforcent, malgré tout et contre tout, à voir les Polonais tels que les représentent de certains salons élégants.

Pendant le dernier temps, le gouvernement

moscovite, si jaloux de paraître humain, ci-
vilisé et régulier, si zélé de sauver au moins
les apparences, se vit forcé d'arracher son
masque de comédien, et de montrer sa face
hideuse de sauvage et de sanglant Mongol.—
A côté du beau parleur de Gortschakoff, se
mirent Mourawieff et de Berg; à côté de la lé-
gitimité de la cour de Pétersbourg se présenta
le plus effréné socialisme, et le mépris de
toute propriété, de tout droit humain. — Les
généraux et les agents russes commencèrent
à piller, à incendier, à exciter le bas peuple
au vol et au massacre, et les maris de ces élé-
gantes dames russes qui respirent des sels à la
moindre émotion à Paris, outragèrent nos
femmes; d'un autre côté, les apôtres à l'épau-
lette cosaque recommencèrent la sanglante
série de convertissements à la religion du
czar.

Voilà pour les conservateurs; — j'espère
que ces obstinés ignorants n'oseront pas nier
des faits qui s'accomplissent encore journel-
lement dans notre pays.

Il serait maintenant humiliant pour nous de refuser que nous sommes des aristocrates et des fanatiques.

Si, sous le nom de l'aristocratie, nos ennemis comprennent ceux qui, parmi nous, sacrifient pour la patrie, plus que ne peut donner un simple particulier, les Russes ont raison que nous avons — des aristocrates.

S'ils comprennent encore sous ce nom les penseurs, les écrivains que Robespierre traitait d'aristocrates, messieurs les Moscovites sont encore dans le vrai, car il ne nous manque pas de ces aristocrates.

Si maintenant ils traitent de fanatiques ceux qui tiennent à la religion de leurs pères, en vivant en paix avec tous les dissidents, car, étant Polonais, l'on peut être catholique, libre penseur, protestant, juif, etc., sans aucun obstacle pour ses devoirs de citoyen; alors nous sommes encore des fanatiques comme nous sommes aristocrates, et les Moscovites ont encore raison de nous traiter d'ultra-montains.

Quant à l'anarchie, l'unité de notre gou-vernement national, et l'obéissance aveugle que lui prête toute la nation polonaise, sont suffisantes pour démontrer qu'il n'y a pas peut-être de pays au monde qui saurait si bien respecter et servir son gouvernement.

IV.

Combien êtes-vous pour vaincre la Russie d'abord, la Prusse et l'Autriche ensuite ?

Nous sommes une nation de 25 millions; notre force est dans notre foi et dans la sainteté de notre cause; nos alliés sont les peuples de toute l'Europe. Avec cette force nous pouvons combattre. Grands seront encore nos sacrifices, mais la victoire sera pour nous; car les baïonnettes de nos ennemis s'émousseront vainement contre notre poitrine, leur force est vaine; un an déjà qu'ils cherchent à nous noyer dans le sang, et sont-ils parvenus à ce but? — Un an vient de s'écouler que deux cent mille barbares luttent sans trêve, sans pardon, mettant tout à feu et à sang, contre nos bandes bien souvent mal armées, mal disciplinées. Et quel est le résultat de cette guerre atroce ? — Le voilà : chacun de nos soldats tombé sur le champ de bataille, chaque victime lâchement pendue, ont gagné des millions de cœurs pour nous, des millions de malédictions pour nos ennemis.

Autrefois nos luttes étaient obscures, leurs champs de bataille étaient les prisons de la Sibérie ; un échappé de temps en temps à la mort apportait à l'Europe les récits d'horreurs que les Moscovites et leurs deux associés commettaient. On en parlait quelque temps, on se taisait ensuite, tant le prestige de leur force était immense.

Arbitres de l'Europe, ils déchirent les traités qu'ils ont signés eux-mêmes ; la constitution de la Pologne et la république de Cracovie furent supprimées. Mais les armes dont ils se servaient se tournèrent contre eux. Napoléon III déchira le voile derrière lequel la Russie s'efforçait de cacher sa puissance, lui arracha les principautés danubiennes, couvrit Constantinople contre ses attaques, battit les Autrichiens en Italie, reconnut son unité, et le 5 novembre 1863, prononça officiel-lement du haut de son trône la mort des trai-tés de 1815 et le droit historique de la nation polonaise.

Ainsi les conséquences des crimes des trois copartageants les dépouillèrent de tous les droits sur nous, en nous faisant sortir des liens de tous les traités, et de toutes les contesta-tions de nos droits.

Depuis nous pouvions regarder avec espé-rance et foi dans notre avenir.

En se levant, les armes à la main, un des membres du gouvernement national pro-nónça ces paroles : « Avec des bâtons nous gagnerons les baïonnettes ; avec ces baïon-nettes nous prendrons des canons. » Nous n'avons pas pris assez de canons pour battre en brèche les citadelles russes, mais nous avons gagné mieux que cela, nous avons montré les Moscovites dans l'opinion du monde, tels qu'ils étaient toujours quoique soigneusement masqués, c'est-à-dire des Mongols sauvages, avec une cour allemande, avec les agents mâles et femelles déguisés en soi-disant aristocratie et répandus en Europe pour fausser l'opinion, pour corrompre les plumes et les langues avec de belles manières et de l'or ; nous avons gagné par nos sacrifices le suffrage universel de l'Europe. En outre, nous avons obtenu, quoique indirectement, le résultat suivant :

Lorsque, d'un côté, les peuples de l'Europe s'aperçurent que notre lutte à mort se prolongeait et que nos ennemis ne pouvaient pas, malgré tous les efforts que leur pût dicter leur rage et leur désespoir, nous étouffer, alors les aspirations généreuses se réveillèrent de nouveau, prirent un nouvel essor, se firent solidaires avec nous, et, malgré les jeux diplomatiques, comprirent plutôt par les traditionnels instincts que par la raison où est notre salut. Ils jetèrent les yeux sur nos positions réciproques, sur nos mouvements : la lumière éblouissante se fit, et ils s'aperçurent, avec nous, que notre affranchissement est dans notre propre force.

D'un autre côté, l'Angleterre, ou plutôt son gouvernement, si mesquin et si jaloux de la puissance de la France, préféra recevoir le soufflet de Gortschakoff et abandonner la Pologne que de seconder sa rivale. Mais un soufflet reçu, et avec une telle résignation consommée, ne tarda pas en amener un autre du côté du Danemark. Shakespeare, génie de grands sentiments, Byron, chantre universel de l'indépendance des peuples, quelle douleur doit frapper vos mânes en voyant la lâcheté et l'abrutissement de votre nation, qui, pareille à une vieille coquette, se voit dépouillée par sa rivale de toute sa défroque bariolée pour montrer sa hideuse nudité, et s'efforce encore de grimacer un sourire pour dire que perdre son honneur, sa grandeur, ce n'est rien !

Nous voulons parler ici de l'affaire du Danemark.

Napoléon III, entrevoyant de loin tous les dangers dont était menacée l'Europe, invita tous les gouvernements au Congrès qui aurait pu peut-être trancher toutes les questions d'une manière pacifique. Presque tous consentirent à ce projet salutaire. Mais qu'a répondu l'Angleterre à cette invitation ? « Je n'en veux pas, » dit-elle, et voilà tout !

La Prusse et l'Autriche, se voyant maîtresses du terrain, ayant devant les yeux l'exemple récent de l'abandon de la Pologne, se jetèrent sur le Danemark, malgré les traités de Londres de 1852.

L'Angleterre protesta, mais les deux puissances s'étant souvenues qu'elle n'appuyait, suivant son propre aveu, ni ses paroles ni ses amis par les armes, se moquèrent justement d'elle, et ne cessèrent pas de continuer la guerre.

Mais quel profit pouvons-nous tirer de cette dernière circonstance? Le voilà. Les peuples, voyant triompher les plus forts par la raison du plus fort seulement, s'effrayent justement de leur sort et commencent à examiner leurs positions réciproques. La Scandinavie marche d'un pas ferme vers le renouvellement de son unité antique; les petits royaumes et principautés d'Allemagne évoquent le souvenir de la ligue rhénane et se serrent les uns contre les autres; la Turquie s'arme; l'Italie centralise ses forces morales et matérielles; la Hongrie se souvient de ses Valois, de ses Ladislas, — Polonais morts pour elle et la chrétienté dans la bataille de Varna; la Bohême se rappelle notre Jagiello, auprès duquel elle chercha de l'appui contre les Allemands; tout le monde examine ses forces et dirige ses regards vers la France, qui le doit mener à la dernière guerre de l'affranchissement absolu.

V.

Celui qui a bien étudié et bien médité l'histoire du monde, voit clairement que la Providence met sa justice suprême dans les conséquences de toutes les actions humaines.

Ainsi, les conséquences des crimes commis par la Russie, l'Autriche et la Prusse, et que leurs politiques habiles devaient prévoir, les voilà : c'est d'abord la stérilité absolue de leur influence sur l'opinion du monde, et l'isolement absolu de tout le mouvement des peuples éclairés, ensuite la faculté donnée à la Pologne de rehausser sa vieille gloire d'un nouvel éclat par son attitude fière et héroïque au milieu de la plus grande oppression.

Oui, la Providence, qui marche par tant de voies, voulut enseigner cette fois par nos malheurs combien les peuples doivent s'aimer et s'entr'aider, pour ne pas tomber en proie aux despotes et à leur ignoble valetaille, qui veut paraître en gens indépendants et prêchant par conviction le servilisme et le culte de l'argent.

Le moment est proche de notre victoire. Nous avons survécu à Souvaroff, à nos espérances déçues après la chute de Napoléon Ier, à 1830, à Nicolas, pour nous voir encore debout, entourés de toute la sympathie européenne, en guerre depuis une année contre la Moscovie.

Courage, solidarité et foi ! le jour approche où ni Mourawieff, ni de Berg, ni la police austro-prussienne, ni les amis de la Russie, ne pourront rien contre la volonté de toute une nation qui a appris à mépriser la mort, la grandeur moscovite et son alliance avec elle; non, ils ne pourront rien contre une nation qui sait attendre et souffrir des années sans demander grâce, sans s'apitoyer sur les pleurs de ses femmes ou de ses enfants.

Que peuvent-ils, les pygmées, contre la force qu'ils ne comprennent même pas, contre ceux qui ne pleurent pas en voyant leurs chefs monter sur les potences?

Que peuvent-ils, les barbares, contre ceux qui ont résumé toutes les grandeurs de l'histoire dans leur lutte, qui se disent : Nous sommes immortels !

Non, ce n'est pas le glaive d'un soldat qui peut tuer l'âme d'une nation. Non, Dieu lui-même ne peut pas la détruire, car elle est une partie de lui-même.

Courage, solidarité et foi ! — le jour est proche, — tenons-nous fermes et debout, pour que nous puissions être prêts lorsque le jour viendra d'en finir avec le spectre de la sainte alliance qui suce encore le meilleur sang des peuples.

Ladislas OLSZEWSKI.

Paris. — Imprimerie de Ad. Lainé, rue des Saints-Pères, 19.

www.ingramcontent.com/pod-product-compliance
Lightning Source LLC
Chambersburg PA
CBHW061441050726
47593CB00004B/1407